허공의 비탈

허공의 비탈

정학명 시집

고두미

■ 일러두기
본문에서 >는 단락 공백 표시로 쪽이 바뀔 때 연이 새로 시작된다는 뜻입니다.

□ 시인의 말

사랑처럼
시를 했다.
격렬하였다가
격조하였다가
외면한 채 오래
속을 앓았다.
너무 늦은 성근 편지들을
당신에게 보낸다.
철 지난 햇살
뜯어 읽으시길.

2024년 9월
정학명

허공의
비탈 | **차례**

제1부 뒤에, 아래에, 너머에

뒤에, 아래에, 너머에	___ 13
구름의 눈썹	___ 14
까치	___ 15
자귀	___ 16
달팽이	___ 18
꽃이라는 스프링	___ 20
호박國	___ 22
사금	___ 23
북	___ 24
글씨들	___ 26
수목장	___ 28
생강나무꽃차	___ 30
찰현	___ 32
백비	___ 34
물새알 물새알	___ 35
배롱나무 사지	___ 36

제2부 새털구름이 뜬 저녁

얼핏	___ 41

새털구름이 뜬 저녁 ___ 42
전생 ___ 43
숲길 ___ 44
북극성을 보다 ___ 46
경주 남산 삼릉골 ___ 48
문장 감옥 ___ 50
의자 ___ 52
장평교 아래 ___ 53
여울을 달리는 백 마리의 말 ___ 54
안개와 개 ___ 56
맷돌의 나선 ___ 58
투명 구렁이 ___ 59
리에 대하여 ___ 61
강은 야경을 끌고 ___ 63
가을의 기울기 ___ 65
허공의 비탈 ___ 67

제3부 나를 통과한 구멍들

행려 ___ 71
가덕순대 ___ 73
백운 사람 ___ 75

저 푸른	___ 77
정육점	___ 78
서어나무를 들이다	___ 80
목련공원	___ 82
외눈박이 경운기	___ 84
저녁의 의자	___ 86
저녁이라는 표지	___ 88
류제현 씨	___ 90
동무굴헝	___ 92
데칼코마니	___ 94
능수	___ 96
척산 방향	___ 98
도르리	___ 99
푸른 밑줄	___ 100

제4부 구름정원의 기억

우기	___ 105
내 생의 며칠	___ 106
먼 데서 오는 눈	___ 108
다리 달린 나무	___ 110
모내기	___ 111

계단을 먹어치우는 짐승	___ 112
구름정원의 기억	___ 114
유월	___ 117
밤이 벌레 먹다	___ 118
사십구재	___ 120
마흥	___ 122
나누기	___ 124
총상 화서	___ 126
매화여인숙	___ 128
지현동	___ 130
관저동	___ 132
산남동	___ 134
수곡동	___ 136
꽃집	___ 138
헛것	___ 140

해설
김정수 | 죽음, 생의 가장 바깥에 대한 사유 ___ 143

제1부

뒤에, 아래에, 너머에

뒤에, 아래에, 너머에

말을 버리기 위해
허공을 건너가는 눈빛들이 있다

눈꺼풀처럼 여닫히는 시간을 타기 위해서는
환몽과 현실 사이에 외줄을 걸어야 한다

이생을 건너가는 불빛의 꼬리들

흔적을 남기지 않아야 맑은 전생이다

아이들은 투명한 생각을 입고 계절을 넘어가고
너는 혼절로 내려가는 계단에서 울고 있었다

한 생애를 짠 말들로 그물을 만든다 해도
뒤에,
아래에,
너머에,
어룽거리고 일렁이며 번져 있는 저 유영을 어찌 잡으리

구름의 눈썹

바람 불어
처마 아래
비가 흽니다

구름의
눈썹입니다

뜨락에 서서
빗금 사이를
바라봅니다
당신은
구름 뒤에 있나요?

혹여
당신의 눈썹인가요?

까치

나무는 흙으로 들어가는 중입니까
허공으로 나오는 중입니까

허공에서 태양을 퍼다가
죽은 사람을 데우는 중입니까
죽은 핏줄에서 심장을 꺼내다가
구름 속에 넣는 중입니까

당신도 흙 속에서
나무를 만났습니까
나무를 만나 허공에게
가는 사람도 있습니까

까치 소리가 풍경을 씁니다
까치는 아직 도마 위에 있습니다

자귀

자귀나무 아래
자귀가 되기 전의 자귀가 가만히 앉아 있다
그건 이름의 그늘 같아서
그늘의 아기 같아서
분홍 자귀꽃들이 폭죽처럼 필 때에도
무릎이나 이마처럼 고요하다
자귀가 되기 전에도 자귀는
칠월의 부채를 향기롭게 펴 들었고
시녀처럼 너울거리는 바람의 옷감이었으므로
사랑하지 않으려야 않을 수 없는 꽃이었다
자귀 아래 있으면 누구나
중심이 된 것 같이
울끈 힘이 나 햇살 속으로
태연히 걸어 나갈 수 있었다 그러니
자귀가 자귀인들
혹여 자귀가 아닌들 무슨 상관이랴
그림자들의 국가가 있어
자귀가 거기서 왔다는 소문이 잠시 돌았는데

자귀는 들었는지 말았는지
부채를 떨구고 오수에 들어 있다
잠에서 나와 음양이 없는 향기가
허공을 걸어 어디 먼 데를 수런수런 나선다

달팽이

어린 달팽이는
나선을 따라가면 가장 안쪽에 있다

저 중심에 있다

달팽이는 거기서 온 목숨이다

달팽이가 실을 써내
배를 올려놓는다

배가 발이기 때문인데
그건 보행이면서 항해다

배를 끌고 가기 위해 허공을
더듬더듬 더듬는 더듬이

허공을 만져보면 어디로
가야 하는지를 안다는 듯이

>
달팽이가 간다

가는 모든 곳이
달팽이 생애의 가장 바깥이다

꽃이라는 스프링

천변엔 늦게까지 나팔꽃이 피었다

가시나무를 타고 올라가서 보라색
관악기가 되는 꽃들

바람이 불면 별이 뒤척였다

꽃이 어떻게 푸른 심장을
잎에 매다는지는 알 수 없었으나
별들의 음계를 따라 마음이
아주 먼 곳까지 가서 노래를 흥얼거렸다

여름이 지나갔으므로
간혹 하늘에서 검은 항아리가
깨지던 여름이 지나갔으므로

잠들지 않는 슬픔을 완충하려고
천변엔 가을

늦게까지 나팔꽃이 피었다

호박國

내명부의 일을 고하고 나오는 내시처럼
꿀벌이 궁둥이를 실룩거리며 뒤로 나옵니다
호박꽃 저 안에
궁궐이 있는 거라 생각해 봅니다
모든 덩굴손을 가진 풀들이
아래아와 같은 씨앗으로부터 튀어나온 거지만
씨앗 이전에
아래아를 돌려 열고 들어가면 그 문 안에
호박國이 있는 거라 생각해 봅니다
꿀벌이 알고 있는 것을 모르는 내명부의 여인들이
귓속말로 전하고 전한 말들이 마침내는
말을 못 하는 호박꽃이 되는 건지도 모르지만
네 죄를 네가 알렸다
비틀어 받아낸 자백이 별로 뜹니다
호박國의 문장입니다 침묵의 나라

사금

우화한 매미가 울음을 다 울면
몸무게가 반이나 준다는 말을 들었습니다
날개를 만드느라 기어 다니는
칠 년의 지하생활자
매미의 공명통은 사랑을 위해
소화기관들을 버린 자리라는데
매미가 허공에 뿌린 울음소리가
허기와 바꾼 매미의 몸무게라는 게
협곡 어딘가에 흘러내려 가라앉는 사금처럼
귓속에 와 쌓이는 이 매미 소리
여름이 지나가면 나는 귀를 열어
귓속에 쌓인 매미를 달아 보겠습니다
그걸 녹여 울음반지를 만들어서
내 오랜 사랑 당신에게 가겠습니다

북

허공을 딛지 않고 오는 목소리는 없다
말이란 태생이 허공을 달리는 말

서로에게 건너가기 위해 허공을
지나가야 한다는 건 얼마나 다행인가
영이면서 동시에 영원인
양안에 걸린 외줄처럼
허공을 건너오느라 네 목소리에 묻은 바람을
지그시 바라보던 밤이 있었다
입술을 움직이면
구름의 냄새가 났다 뒤척일 때마다
편서풍처럼 먼 숨소리가 났다

고막을 생각하면 사람은 북이다
두 장의 얇은 가죽 사이에 우리가 있다
북이란
허공을 가둔 악기
너무 늦게 내게 온 빗방울들처럼

먼지를 풀썩이며 땅에 엎어지던 빗방울들처럼

사랑은 무참히 명백하였으나

혼자 울지 못하는 북처럼
허공 저 너머를 바라보는 허공

글씨들

강변 노인은 오지 않고
빈집 마당에서 방아쇠를 만드는 봉숭아들
햇살을 바짝 끌어당겨
화약을 쟁이고 있는 붉은 꽃들
족두리꽃은 족두리를 쓴 채 씨를 배고
씨앗 속에 천년을 뭉쳐 놓는데
길은 이미 내장된 거여서
거길 따라 꽃들이 여기 온 거라고
너도 그런 거라고 상복을 입은 개미들이
길에서 죽은 개구리를 장사 지내네
흙을 파내 무덤을 높이 쌓는 개미들
개구리는 개미굴에 들어가 개미가 되고
개미가 된 개구리는 당분간 울지 않겠네
꽈리처럼 부풀던 울음주머니는
여섯 개의 다리가 되겠네 묵묵히
지하로 지상을 옮기는 데만 골몰하겠네
나는 골몰할 글이 잘 보이지 않고
한여름 태양을 물고 어딘가

속으로 기어 들어가는 까만 글씨들
강변 노인은 오지 않고
강물만 출렁이며 멀리

수목장

먼저 간 누군가를 따라가느라 바람이 분다

나무로부터 태어나고 자라 날아가는 새들
발가락이 움켜쥐었다 놓은 가지는 날개를 기억할 것도 같은데
새들은 떨어져 또 어느 내생에서 나무가 되는 건지

나무들 바람 속에 서서 가지를 펄럭여 본다
살풀이는 옷감을 허공에 풀어놓는 춤
풀로 날개를 지어 혼령을 실어 보내는 사위

승려들은 죽어 숲이 될 것도 같다
숲의 깊은 그늘을 바라보면 그들의 등이 보인다
꺼진 촛불에서 끌려 나오는 오래된 밀랍 향기가
바위와 이끼 사이에는 어려 있다

사람을 씨앗으로 만들어 나무 밑에 심은 사람들이
돌아간 숲 위에 낮달이 떠 있다

그건 어디론가 들어가는 통로 같다
대롱의 입구 같다 거기로 빨려 올라가는 수위가 있다

끄륵 끄륵 우는 매미들은
관에서 빠져나온 공명통을 뱃속에 갖고 있다
나무의 어깨에 앉아 들썩이는 커다란 소리 때문에
세속의 사랑이 갈 수 없는 저승의 문이 생긴다

생강나무꽃차

봄이 건너오는 징검다리다
노란 발가락들
뭉텅뭉텅 물오른 가지 밟고
환생을 살러 온다

발자국 떼는 자리마다
꽃이 피어나더라는 전설
겨드랑이에서 날개가 돋듯
사람이 나왔다는 전설

때로 이야기들은 나무와 사람을 섞어 놓은 것
사람이 나무 밑에 오래 앉아서
생각의 앞과 뒤를 아주 멀리까지 섞어 놓은 것

생강이 생각이 되거나 생각이 생강이 되기도 하는
이 어지러운 아지랑이도 다 봄의 일이어서
봄볕 속에 들어온 겨울의 긴 칼이
그늘에선 더러 죽은 사람의 혓바닥을 베기도 한다

>
꽃차 덖는 사람들의 금기는 너무 환한 개화
꽃의 만개란 음독에 가까운 치명

꽃을 덖는다 온돌에 누운 꽃들
봄의 맨 앞을 뒤집는다
나무에게서 알을 얻어온 것처럼
나무의 맨 앞을
이승의 아지랑이 속으로 집어넣는 것처럼

찰현擦絃

여치 한 마리가 가을을 끌고 온다

숲길에 앉아
마법같이
날개 사이로 빠져나오는 가을을 들여다보고 있다

죽음을 예감하기 때문이다 죽기 전에
완성해야 할 사랑이 있기 때문이다

여치의 바퀴소리는 그러므로
가을이라는 거대한 침대를 끌고 오는 소리

곧 말복이 부서지리
입추가 곧추서리 처서가
처가 식구들처럼 들이닥치리

날개를 현으로 쓰기 위해 뼈를 밖으로 내보낸 사랑
여치가 운다 산그늘이

날개 사이로 들어가 다 떠는 음이 되어 나온다

백비

기억이 사라진 노파가
동구 밖을 향해 우두커니 서 있다

바람 불자
자작나무 잎 쏟아진다

문자가 없는 국가
하늘이 들어서려는 깃이나

물새알 물새알

돌 사이에서 태어난 물새들이 물 갈피로 들어갔다 나오면 가을
새의 혀를 내밀던 나무들이 불거지처럼 붉어
저녁이 묻은 나뭇잎을 들고 바람 앞에 서서 울다 뛰어내릴 때
어도를 계단처럼 내려가는 늙은 물살

구름은 물의 날개 물의 둥지
구름이 낳은 물의 알들을 기억하는 모래톱들

신께선 흙을 빚어 사람을 만들고
물을 빚어 물고기를 만들고
허공을 빚어 새를 만들고

작은 공들 안에 개구리들을 가두었다가 와르르 풀어 무논 가득 울음을 풀어 놓고
흰 타원 안에 뱀들을 가두었다가 풀어 풀섶에 가늘고 긴 길을 만들고

배롱나무 사지 寺址

그러니까 이건 웃음에 관한 얘기
배꼽과 허리에
잘 웃는 처녀애와 눈가에 관한 얘기

구름의 기둥에
꽃의 대들보에
웃으면서 자지러지던 한 계절

그러니까 사랑이라는
붉은 꽃은 후르륵 백일도 짧고
선운사 돌탑 속으로 뱀처럼
몰래 기어들어가던 석양에 관한 얘기

아저씨는 꿈이 뭐예요?

빙긋이 웃으면 관세음
보살의 손가락은 하얗게 길어서
손가락 끝에 길이

생길 것도 같았던 여름 끝자락

지나간

누구에게나 꽃구름

구름의 기둥이거나
꽃의 대들보에 기댄 시간
웃음에 관한 얘기 빙긋이
깔깔거리는 먼 꽃나무를

떠올려보는 선운사 앞마당

백일에 백일을 다 지나와 바스락거리는 해의 껍질들

제2부

새털구름이 뜬 저녁

얼핏

하얀 새를 보지 못했는데
이팝나무 아래
새 발자국들이 떨어져 있다

보지 못한 사이에
다녀가는 것들이 있어서
인생이 짧아진다

눈 침침해진 노인들은
메리골드차를 마시러 가고
아카시 꿀을 따러 온 벌들이
웅웅거리는 숲

벌은 날개 달린 꿀이고
꽃은 나무의 치마 속이라면서
향기를 날리러 바람이 왔다

새털구름이 뜬 저녁

한 노인이 하늘을 두들겨 은주전자를 만들고 있다
백만 번도 더 두들겨야 주전자 하나가 된다는데
망치 든 노인의 어깨 위로 검은 저녁이 온다
은판을 우그려 주전자를 꺼내는 일은
평면으로부터 입체를 빼내 오는 일
조물의 업이란 마땅히 비밀을 획책할 수도 없고
하늘의 저녁은 그러므로 백만 개의 망치 자국으로 빼곡
하다
도가니는 붉어 노인의 이마가 은물 위에 빛난다
주둥이를 마저 붙이고 나면
금사 한 줄기를 꺼내 상감을 하리라
형을 짓고 다듬어 윤을 보태느라
노인의 팔뚝은 늙을 새가 없었다
공방 문을 열면
은보다 반짝이는 눈을 빛내며
망치를 던진 노인이 걸어 나오리라
아침을 가로질러 하늘로
털 뽑힌 새 한 마리가 날아가리라

전생

새들이 숲으로 들어갑니다
다람쥐가 들어가고
그늘이 따라 들어갑니다
바람이 불어오자
나무들이 깃을 들어올립니다
깊을수록 점점
어두워지는 녹음
더 깊이
들어간 사람

나오지 않습니다

숲길

길은
발자국들로 만들어진다
발자국 지나간 자리
으깨진 씨앗들로 만들어진다
뭉개진 개미들로 만들어진다
무너진 개미집과 지렁이 굴과 두더지 터널
위에 만들어진다
껍질 벗겨진 뱀과 피 흘리며 달아난 노루와 쓰러져 누운 멧돼지들로 만들어진다
길은 하나의 세계를
다 짓밟고서야 만들어진다
너도 그렇다
네가 되기 위해
무너진 한 세계가 있다
너는 네 어미 유방의 푸른 유선과
미음과 잣죽과 토끼장의 토끼와 배추들과 낱알들과
거기 묻은 땀과 네 아비의 청춘과 한숨을
네 치아 사이로 씹어 삼키고 그들의

길이 되었다
그렇게 네가 길인 이들이 있다
너를 걸어가는 이들이 있다
너는 걸어가고
너를 걸어가는 이들이 걸어가고
세계는 으깨지고 우걱우걱 짓밟히고
마침내 숲길은 무명천처럼 저 앞에서 나무들 사이로 들어간다

북극성을 보다

북극성은 사백오십 광년 밖에 있다
내가 오늘 보는 북극성은 십오 세기에 출발했다
그렇게 멀리에서 과거가 와서
나와 눈 마주쳐 현재가 되는 것이라면
이 현재는 얼마나 수많은 과거들이
각기 다른 시간으로부터 출발해 도착한 것이냐

아니 어쩌면 현재란 본래 없고
여기는 서로 다른 종족처럼
과거들이 몰려와 서성거리며
떠들고 웃으며 거래하는 시장인가

그렇다면 탁자 맞은편에 앉아
지그시 서로를 바라보는 저 눈빛은
몇 만 분의 일 초를 지나 서로에게 가는 과거인가

그러나 사랑이란
얼마나 격렬한 즉시더냐

그래서 연인들은 안타까운 것이다
가장 내부에 있는 서로의 당대를 향해
그래서 그토록 전폭적으로 밀려들어가는 것 아니냐

그들의 혀와 눈물
그 틈을 비집고 수많은 현재가 출발한다
각기 다른 저 앞의 무수한 도착지를 향해
빛의 속도로 달려가는 저 눈부신 시간의 뒤통수들
저 여린 발목의 북극성 북극성들

경주 남산 삼릉골

목이 잘린 불상은 입이 없어서
성대를 빠져나온 소리가 허공으로 가네

바람은 입을 찾아 떠도네 목젖과
구개와 혀와 입술을 찾아 떠도네 아무데나 들어가
소리가 되려 하네 발음을 꿈꾸네 천년을 그렇게

서기 바람의 혀가 된 물결들 혀를 말아 ㄹㄹㄹㄹㄹ
저기 바람의 목젖이 된 비닐들 숨을 뱉으며 ㅎㅎㅎㅎㅎ
저기 바람의 입이 된 파이프들 입술을 오므리고 ㅇㅇㅇ
ㅇㅇ

목이 잘린 불상은 얼굴이 없으니
오감의 문이 없어 관념이 없으니
편벽이 없으니 편재한 법음이 되네 만유의

입이 되어 만유의 귀로 들어가네 나무들의 귀가
지붕들의 귀가 돌들의 귀가 솔깃

허공으로 기우네 시간의 흰 날개들 퍼득이는 소리

문장 감옥

지은이가 죽은 책을 읽는다
지은이의 생각이 죽지 않고 갇혀 사는 책
지은이 생전의 기쁨과 슬픔이
문장 끝에 매달려 꼬리치며 눈 껌뻑이는 책
책꽂이를 쓰윽 둘러본다
인종이 다르고 이념이 다르고 살았던 연대가
다른 문장들이 제호를 달고 나를 내려다본다
불멸의 문장늘이 영원한 감옥에서 우글거린다
사람이 만든 신과 이성과 과학이
사람의 사후에 모여 있는 저곳은 어떤 아카데미인가
그러나 나는 대문처럼 열린 책의 밖에 앉아
다만 생을 쓴다
생은 지출처럼 소비되므로
나는 연필처럼 짧아진다
나를 지나가는 이 슬픔
나를 짚어내는 달의 손가락들은
내 문장 어디에 스밀 건가
그것들은 또 어느 서고에 갇혀

하염없이 긴 시간을 멀뚱거릴 건가 다만 나는 기록할 뿐

의자

나무도 가만히 있는 건 아니다
선방 수좌가 가만히 있는 것이 아니듯

나무의 정수리로 지나가는 햇빛

햇빛도 그냥 지나가는 것은 아니다
어둠이 그냥 있다 가는 것이 아니듯

그냥 지나가는 시간은 없다
무의미한 사건이란 없다 고요 속에서

은밀히 세계의 모든 사태가 벌어진다 너와
내가 가만히 앉아 있던 그 의자

위에 춤추던 마음
처럼 거기
와
뛰놀던 어떤 생기처럼

장평교 아래

물고기들은 태양이 던진 투망에 걸리지 않았다
그토록 오랜 어부의 헛투망질이라니,
금사 그물 사이로 배를 뒤집는 은빛 거울들
벚나무들이 마지막 꽃잎을 떼어 바람 속으로 던졌다
팔을 흔들며 지나가는 여자애의 블라우스 틈으로
언뜻언뜻 날개가 비쳤다
권태를 낚기 위해
시간을 펜 남자들이 강변에 앉아 있었다
골풀들이 거웃처럼 자란 포인트에서
가끔 찌가 파장을 내며 사내들을 들어올렸다
거짓말처럼, 잠수하던 새가 물 밖으로 올라왔다
물은 흔적을 지우기 위해 물이었다
마음이란 게 잔상들의 마을인가 생각하는 사이
새가 수면을 때리며 날아갔다
구름이 눈썹을 껌뻑이는 곡우였다
풍경을 지우며 황사바람이 불었다
비늘을 벗지 못한 뱀이 상류로 헤엄쳐 갔다

여울을 달리는 백 마리의 말

물은 달린다
물에게 가려는 것이다

물에게 가기 위해
물은 말이 되었다가
새가 되었다가 구름이 되었다가
꽃이 되었다가 우두커니,

물이 때로
물을 버린다
물이 아니라고 배반한다
물 밖으로 달아난다

그러나 물은
얼마나 선험적인 인력인가

서러운 사람들이 물가에 가 저녁처럼 여울져 울 때
물은 얼마나 아득히 당기는 힘이던가

>
　　패잔병처럼 목이 말라 당신이 여울에 엎드릴 때
　　천 평 밭을 간 소처럼 수면에 입 맞추고 물을 마실 때

　　물은 달린다
　　물에게 가려는 것이다

　　물은 달린다 당신의
　　그 먼 저수지에 가려는 것이다

안개와 개

안개 속을 걷는다
앞이 보이지 않는 이 희고 자욱한 세계
안개는 개가 아니다
안개는 개의 안쪽이다
나는 개의 바깥에서 왔고
개의 털과 냄새와 눈물과 낑낑거림 쪽에서 왔고
여기는 모든 것이 분명하지 않다
아직 구체화되지 않은
말하자면 어떤 이전이다
그렇게 느껴지는 개의 안쪽이다
개는 언제 어떤 방식으로 눈을 떠
개를 형상화하는가
안개 속의 것들은
어떻게 비로소 개가 되는 것인가
알 수 없이 작은 물방울들은 떠다니고
나는 개안하지 못한
수많은 눈동자들 속을 지나간다
절대 짖지 않는

축축한 고요 속을 지나간다

맷돌의 나선

돌의 눈을 쪼는 석공이 있었지
그는 새가 아니었지만
쇠처럼 단단한 부리 가졌네
그것은 그의 입
돌의 눈에서 밥이 나왔네

맷돌의 나선을 보네
곡식은 이 실로 나오지
석공은 이 길로 들어갔지
석공을 삼키고서야
돌은 눈을 감았네

눈을 감고도 나선을 만들던
그 마음의 회오리
태극의 무늬들을 더듬어 보네
어처구니없이 사라진 석공의
남은 눈을 더듬더듬 감기네

투명 구렁이

이가 빠진 내가
이가 빠진 그릇의 물을 먹는다

이가 빠진 자들의
늙은 입맞춤

이가 빠진 곳으로 지나가는
맑은 시간의 구렁이

혀로
잇몸을 더듬는다
아흔 살이
느껴진다

잇몸 너머
캄캄한 뱀굴이 있다
아르르르르 물을 굴리면

>

내 안에서 한 계절을 보낸
투명 뱀들이 동굴 안에서 기어 나온다

ㄹ에 대하여

기슭이란
고요한 무언가 흘러와 찰랑이는 말
잘박이며 잘박이며
아득히 정박하는 말

붉은 어스름이
신열 지핀 머리를 누이듯 저녁이 오면
맑은 바람이 가만가만
낡은 어둠을 읽는 소리
굵은 나무들이 두런두런
늙은 허공을 읽는 소리

이젠 묽어진 당신이 내게 와
한때 삵처럼 날카롭던 눈을 핥네
나를 옭아매던
너무 길었던 슬픔들도
이젠 네 귀 단단히 엮어 지붕을 얹었네

그러나 여전히 그럼에도
밝은 별이 지나가는 칠흑 같은 하늘에는
손톱자국처럼 까닭 없는 그리움이 긁히지

행성들은 항로를 꼬아 밧줄을 만드네
내가 당신에게 다 이르기 전에
시간을 갉아먹는 쥐들의 새벽이 오네
목숨을 끌어올려 우는 닭들의 여명이 오네

강은 야경을 끌고

달천은 야경을 거느리고 흘러간다
물감을 섞는 물결들

비 그치고
물비린내들 어둠 속으로 기어 올라온다

기슭을 넘어오는 것들의 젖은 어깨

강은 지나는 길목의
야경들을 끌고 바다에 이를 것이다

말하자면 바다란 모든 변경의 즙 같은 것

거기엔
언젠가 당신이 물가에 빠뜨린
눈동자도 멀뚱멀뚱 고여 있으리

어둠을 버리기 위해 강변을 걷는다는 것은

또 다른 어둠을 데리고 들어오는 일

물비린내와 피비린내를 섞는 일

마음이란 게 몸 안 어딘가 잠복한 게 아니고
풍경 여기저기 젖어 있는 빗물의 흔적 같은 것이니

저 흙물 다 나가고 나면 다시 강 맑아지고
풍경의 물감을 입은 물고기들은 한결 비늘이 밝아지리

어둠 속 심해어들도
조금 조도를 올려 헤엄치리

가을의 기울기

귀뚜라미가 귀뚤귀뚤, 귀뚤을 굴린다

귀가 저만치 굴러가다 멈추고
뚤이 조금 더 멀리 굴러가는 그런 밤이다

가을에 어떤 비탈이 있음을 알겠다
기울어진 쪽으로 우르르 쏟아지는 것들

네게 기울었을 때
내게도 비탈이 생겼었다
비탈을 따라 어떤 생각들은
너무 멀리 굴러갔었다

가다가 멈춘 것들에겐 표정이 있다
겨울은
흑백사진처럼 그걸 인화할 것이다

매미가 맴이란 소리의 이름이고

귀뚜라미가 귀뚤의 이름인 것처럼
더 이상 굴러가지 않게 된 이름들이 있다

그런 말들의 사전이
저 겨울 숲 어딘가에 숨어 있다

허공의 비탈

꽃의 전생을 기억하는 구름이 눈이 되리
탈색된 꽃밭으로 내리는 꽃잎들

구름이 공중을 디디며 내려오는 소리
어둠 저쪽을 끌고 와 바닥에 내려놓는 소리

눈송이들이 유리창에 미끄러진다
침엽수들이 바람의 현을 켠다

등 뒤에서 네가 울부짖을 때
나는 창밖을 바라보고 있었다

달아나는 짐승의 검은 등과 같던
폭풍 부는 날의 숲

눈물은 기압의 경계에서 오고
이별이 시작되는 곳에서 허공은 기울어졌다

>

지나간 꽃잎들 위로 흰 어둠 쌓인다
어디선가 적막이 부러진다

제3부

나를 통과한 구멍들

행려

어떤 좌초다 몸 한 척 길가에 표류해 있다

세상의 어떤 모서리들이 사내를 저렇게 찢은 것이다
뜯어진 사타구니로 남자가 드러나 있다

명예는 남루하고 예절은 치아처럼 빠졌다

잠이 혼곤하여 구만 리 밖이다
인파는 사내를 바위처럼 비켜 흘러간다

경계가 불분명한 옷으로 바람이 내통하는
사내는 지금 뚫린 국경이다

길을 잃고 길이 삶이 된
길이 길이 된
길이 집이 된 풍찬노숙

주소가 없고 세금이 없고 의무가 없고

마침내 주민도 국민도 아니어서 기록이 사라진

사내가 빠져나온 푸른 램프가 길 위에 뒹굴고 있다

가덕순대

길을 썰어 먹는다 구절양장

목구멍에서 항문까지가 생이라면
돼지의 내생을 사람에게 잇대는 가덕순대

밤새 술을 마시고
새벽 장을 마친 사람들과 머릿고기를 먹는다

고무통 속 대가리들은 더러 눌리고
몇몇은 낯선 신에게 바쳐질 것이다

불안을 위무할 제물을 위해
표정을 조각하는 조각가

멱이 사라진 돼지는 조용하다
내장을 잃은 입은 식욕이 없다 그러므로

쩝쩝거리고 우걱거리는 일은 이제 우리의 몫

소리 지르고 깔깔거리는 일은 이제 우리의 몫

해장을 한다
내장을 푼다 구절양장
막 떠오른 햇살이
창틈으로 스윽 칼날을 들이민다

백운 사람

백운은 구름이 태어나는 곳
구름의 자궁이지
구름의 유치원이지
이곳에선 사람도
구름이 묻은 채 태어나지
구름의 피붙이지
살이 섞인
피가 도는 한 핏줄이지
새벽이면
사람들은 구름 속에서 나타나지 불쑥
나타나 인사하지 모자를 벗고
이가 몇 개 빠진 입으로
웃지 구름이
그의 입으로 들어가지 코로 나오지
폐로 들어가지 심장에 머물다가
항문으로 나오지 하하하 웃으면
하하하 번지는 구름
절뚝이면

휘청거리는 구름
엉엉 울면 눈으로
코로 흘러내리는 구름
그가 죽으면
사람들은 그를 태워 하늘로 보내지
그의 물기 그의 겨를 그의 틈바구니를
돌려보내지
누가 어디래요? 물으면
백운 사람이래요 대답하던
구름과
사람이 한 덩어리였던
그 백운 사람

저 푸른

학균이네 상가엘 갔지
절을 하는데
제단에 계신 학균 아부지 너무 젊네
사진 찍는 걸 싫어하신 학균 아부지
학균이보다 젊은 학균 아부지
쉰 넘어 이 빠지고 머리 허연 애들 문상 받으며
환히 웃고 계시는 서른 몇 살 학균 아부지
푸른 점퍼에 녹색 차양모자
단체로 어디 관광 갔던 사진에서 오려낸
젊은 한 시질 배경 빛이 너무 환해서
거기 걸린 검은 영정띠가 비현실적이어서
나는 그만 울컥, 목이 잠겼네
학균이 여동생이 와 안아 주었지만
걔도 너무 늙어서
저 푸른 학균 아부지
아 아 빌어먹을 푸른 학균
아부지, 난 으헝으헝 울었네

정육점

냉동차가 왔다
털과 머리와 내장이 없는 돼지들

뼈와 살과 피부만 남은
배알이 없고 지식이 없고 기억이 없는

마음이 사라진 돼지들을
수송기사가 알루미늄 고리에 건다

푸른 도장이 문신처럼 찍힌 돼지들이
냉동 창고 안으로 한 마리씩 달려 올라간다

도축의 순간이 전성기였다
모든 것이 갖춰진 순간은 돌아오지 않는다

분해와 해체와 환원이 남은 돼지의 길
몸과 마음이 따로 가는 길

>

냉동차가 떠나고
긴 울음처럼 육절기가 돌아간다

서어나무를 들이다

진눈깨비가 날려 나무들의 겨드랑이가 젖고 있었다
울폐가 깊은 숲이어서 아주 먼 곳까지 온 것처럼 느껴졌다
겨울나무의 눈들이 숲 저 안쪽으로부터 지켜보고 있었다

거리 같은 것이 필요했는지도 모르겠다
어쨌든 시간의 순서를 잠시 흔들어야 했다
그러기 위해 여기 왔다고 중얼거리는 동안 서어나무들이 더 검어졌다

숲을 걸어간다는 것은 수많은 빗금 사이에 드는 일
굵어진 바람과 단단해진 빗줄기 사이를 걸어 들어가는 일
아, 어쩌면 시간과 햇빛들은 여기에서 몸을 섞어 파도가 되는지도 모르겠다

비행기는 저승을 지나가듯 구름 사이를 날았으므로
나는 잠시 먼저 간 인연들에게 안부를 물었었다
그리고 여기를 걸어가는 일은 서어나무여 얼마나 현세

적인가

  서어나무 사이를 걸어가는 동안 내가 서어나무를 들이듯
  서어나무들이 또한 나를 들이고 있음을 느낄 수 있었다
  그들의 움이 내 움에 가만히 와 잇대는 것이 느껴졌다

  눈발이 그치고 서어나무 근육들이 반짝이며 빛났다
  발이 젖고 통증이 어금니 아래를 지나갔다
  먼저 당도한 미래가 물방울을 튕기며 머리를 흔들었다
  멀리 바다가 몸을 뒤집으며 헤엄쳐 가고 있었다

목련공원*

목련공원에는 벤치가 없다

앉을 엉덩이가 없기 때문이다

엉덩이들은 목련공원에 오지 못했다

환하던 치아와
달리던 허벅지와
어둠 속에 떨던 입술들도 오지 못했다

깔깔거리던 손뼉들은
단지 안에 있다

유골함은
그 모든 기쁨과 회한을
하나의 점으로 요약하였다

그리하여 그들은 마침내 멈추었다

> 멈춘다는 것은 변한다는 것
  고요는 얼마나 우주적인가

  목련은 하늘에 연꽃을 바친다
  개나리들은 손을 내밀어 상주처럼 엎드린다

  햇살이 묘비를 닦는다

  뼈를 비우기 위해
  새들이 허공으로 날아간다

*목련공원: 충북 청주시 월오동에 조성된 시립 장묘시설.

외눈박이 경운기

이 집의 주인은 그예
허공의 농부가 되었다
구름 이랑을 가는
긴 달빛의 농사꾼이 되었다
안부를 물을 사람이 없지만
바람은 그저 버릇처럼
빈집을 둘러보고 간다
그가 자주 앉아 있던 출입문 앞 계단
햇살의 관절이 꺾여 있다
무릎을 두르고 있던 가늘고 긴 팔처럼
입구에 놓인 낡은 고무통 손잡이
담장 밖 능소화 그림자가
마당을 쓰다듬는 동안
잎이 나지 않은 나뭇가지에 앉아
맥박을 짚어보는 곤줄박이
행인 없는 길이
흰 고삐처럼 집을 끌고 가는 오후
호박잎으로 덮인 구멍 난 비닐창고 속에서

먼 밖을 내다보는 외눈박이 경운기
탕, 탕, 탕, 탕 들판을 내달리던
검은 팔뚝과
귀까지 걸리는 환한 치열을
기억하며 낡아가는 붉은 외눈박이 경운기

저녁의 의자

소리를 모신 부도처럼 저녁의 새들은 검은 덤불 속에 깃들어 있다

그림자들은 동쪽으로 가네 먼 곳에서 웅성거리는 검은 목수들

그리움을 가구로 짜면 의자가 되리 회화나무 목이 길어지는 저녁

저무는 것들은 귀가 밝고 비스듬한 옆을 가졌구나

어스름이 숲에 기대고 소음들이 길에 눕고서야 별이 뜬다

견고한 둑에 고여 하염없이 기슭을 핥는 물결들

시간을 빛으로 바꿀 수 있다면 목울대를 베어 하늘에 널어야 하리

바람 분다 실의의 팔다리들이 사방에서 덜렁거린다

그러나 여기는 머나먼 의자 먹줄을 치는 목수의 손이 지나가는 저녁

저녁이라는 표지

나는 지금 숨죽인
열 개의 입을 가졌다

연인들은 이층에 올라가 고요하고
저녁은 검붉은 장막을 두르고 있다

창틈으로 새어나오는 적요

창은 노을을 반사하며 빛난다
그것은 놀라운 책의 표지

책이란 춤추는 활자들의 마을
그리고 이층은
이미 시간을 가둔 책이다

첫사랑이란 얼마나 깊은 안개인가
혼몽의 계곡을 지나가는 유령의 발목들

키스 자국에선 언제나 죽음이 묻어나온다
어떤 연인들은 손을 잡은 채
저수지로 걸어 들어가지 않던가

그러나 지금은 열 개의 입이
내 안에서 침묵하는 시간

책은 막 절정을 향해 가고 있다
나는 읽는 일을 멈춘다

류제현 씨

 마지막 수국을 노을 쪽으로 옮기고 났을 때 당신이 그러쥐었던 손을 기억하네, 그 온기

 구월 동산에 뜨는 달을 바라보려 사람들이 모이고, 멀리서 달이 된 당신들이 또 달 끝 어딘가에 모여 파리해진 인사를 하늘에서 전할 때

 우린 모두 알고 있지, 상 위에 놓으려 장만한 몇 햇과일들과 메, 향기로운 향불과 밝은 촛불이 모두 여기에 사는 우릴 위한 거라는 걸

 철부지 어린 손녀는 웃고 병석의 끝에서 당신이 바라보던 물기, 말을 잃어 다만 모든 말이 눈빛이 되던 시간을 기억하네

 당신의 투망과 청산가리 넣은 붉은 찔레 열매들과 당신의 담뱃진 내와 누런 뻐드렁니가 그리워
>

당신으로 요약되는 사냥, 녹은 눈에 젖은 산토끼와 뒤춤에 매달려 출렁이던 꿩, 비닐봉지 속에 가지런하던 큰 개울의 물고기들

　당신이 삶으로 증명했던 펄떡이던 것들의 잔해 속으로 가버린, 당신이 뜨네 만월이 된, 가득하여 북이 된, 오 저 밝은 가을 저녁

동무굴형*

여기서 뱀골은 지척이다
아시다시피 뱀의 꼬리는 구름 속에 숨어 있는 것
구름에서 내려온 뱀들이 무지개를 가져오는 것

동무굴형은 한서덕 옆 서덜의 마을
바위가 대문이었다가 뒤꼍이었다가 절구통이 되는 곳

화전민들은 떠났고

허경숙 씨의 옛집도 허경숙 씨에게 가는 중

문패에 들어앉은
이끼의 포자낭이 늙은 개처럼
앉은 채 고개 돌려 밖을 내다보는 마지막 폐가

산공부를 해서 아는 소리 할 수 있던 세 사람 중에
가장 나중까지 나중을 말하던 사람
가장 나중에야 나중으로 떠나간 사람

\>
  이 마을의 냉기는 뱀골에서 나오는 거라고
  모기가 살지 못하는 여름을 뱀골에서 꺼내던 사람

  이월 양지에서 캐온 복령을 주루막에서 꺼낼 때
  복령꼬챙이 끝에 하얗게 빛나던 눈빛

  마당이 저 꼴이 되었는데
  안 오네, 동무굴형 허경숙 씨

  *동무굴형: 충북 제천시 백운면에 있는 마을 이름.

데칼코마니

부도난 친구는 둑 위에 앉아 있네
부도는 연쇄적인 것이라서
그녀도 그를 버렸고
날은 채무처럼 흐리고
물 밖에 한 남자
물속에 한 남자
수면은 잠적처럼 고요하고
도둑잠처럼 고요하고
가느다란 찌 하나가 이쪽과
저쪽을 이어 놓은 통로처럼 서 있네
어쩌면 저 사람은 물에서 올라온 사람인가
아니면 물속으로 들어갈 사람인가
수면엔 가을비가 부슬부슬 내리고
이마에 닿은 빗방울들이
생시를 건드릴 때
꿈은 물고기들에게
밑밥으로나 던져버렸을 그가
하늘 높이 줄을 잡아당겨

작은 갑옷 하나를 끄집어 올리네
파랑을 일으킨 물결들이
이쪽과 저쪽을 뒤섞으며 번지고
화살처럼 쏟아지는 빗줄기 빗줄기들

능수

늘어뜨리는 것만으로도
봄이 되는 표정들이 있다

버들강아지가 차고 놀던 공처럼
천변에 문득 떨어져 있는 수양버들

머리를 빗으면
참빗 사이에서 빼낸 머리카락을 둥글게 말아
문밖으로 버리던 김선학 여사

내가 강쥐새끼였을 때
감은 머리카락 빗어 무릎에 누운 얼굴을 간질이던 나의 버드나무

마음에 품은 첫 계집애가
중국집 주렴 너머에서 짜장을 입가에 묻히고 웃던 때가 있어서
중국집 앞을 지나가는 일이 내게 짜장 향기 가득한 봄이

되던 것처럼
　늘어진 세계의 가녀린 손가락들 사이를 불어가는 바람

　구름이 늘어뜨리는 희고 긴 머리카락들
　나무들이 대지의 이마를 짚는 따스하고 부드러운 그림자들
　저승엘 가서도 여기까지 드리우는
　노을 이후의 검푸른 눈빛들

　내 어둠을 멀리서 짚고 있는
　기나긴 능수 능수 능수들

척산 방향

어제 쏟아진 구름들이
돌아가지 않고 땅에서 유숙했구나
새벽 구름이 척산 방향
산 밑을 돌아다닌다
저 산은 내가 한때
형을 삭이려 돌아다닌 산
나를 관통한 구멍들을
퍼다 버리려던 산
그러나 척산은 어디에도 없고
어디에나 있어서 구멍은 버릴 수 없었지
버려지지 않는 구멍 속에
들어앉는 날이 있네
내가 스스로 척산이
되는 날이 있지
그 방향 말야
구름 발바닥의 검댕이 같은

도르리

해머가 정수리를 때리자 휘둥그레 버티던 소가 쓰러졌다
남은 경련이 쇠털 위를 지나갔다
주인 여자는 얼굴이 붉어 뒤꼍으로 돌아가
소가 빙의된 양 낮고 길게 울었다

마을 사람들은 소를 갈라 비탈길을 꺼내고
구절양장 따뜻한 장기들을 썰어 화덕 위에 얹었다
연기가 피어나 간과 염통이 산골의 저녁처럼 아늑하였다

몇 순배의 술이 소 무덤이 된 사람들의 뱃속으로 뿌려졌고
소는 논밭뙈기처럼 이리저리 나뉘어
마을 안으로 다시 돌아갔다

빈 마당 끝에
붉은 구렁이가 노을 쪽으로 기어갔다

푸른 밑줄

풍이 든 후
그는 착한 학생이 되었지
굽어진 왼팔에
바람처럼 투명한 책가방을 들고 다니지

가방은 무겁지
얼마나 많은 숙제가 들어 있는 거지
그는 언제나 느릿느릿
고개를 한쪽으로 갸우뚱 기울이고
생각에 빠져 걸어가지

성실한 학생들이 모두 그렇듯
중요하지 않은 문장이란 하나도 없다는 듯
마을의 모든 지붕 아래
그는 밑줄을 긋지
색연필처럼 모서리가 닳아 있는
그의 푸른 신발
발목까지 닳아버린다 해도

멈추지 않을 것 같은
그의 길고 진중한 밑줄 긋기

뒤를 따라가며 나는 보네
무심코 지나친 문장들이
별 표시를 받으며 중요해지는 걸
오래되어 낡은 한 마을이
밑줄 가득한 교과서가 되어가는 걸

제4부

구름정원의 기억

우기

비가 내린다

비 내리니 노가다 쉬겠다

노가다 안 가니 형 뒷방에 앉아 술 퍼마시겠다

형 술 마시니 어머니 술병 감추러 뒤꼍 돌아가겠다

돌아간 멍석 뒤에 빌어먹을 팔자까지 감추고 나오겠다

어머니 강팔라지니 아버지 부시시 일어나 고스톱 치러 나가겠다

아무도 소똥 안 치니 어머니 소 엉덩짝 오삽으로 패며 똥 치겠다

날 흐리니 청솔가지 불땀 안 들겠다 캄캄한 불구레 속으로 훅훅

아궁이 앞 어머니 잔뜩 구부리고 불다 매운 눈 질금거리겠다

바닥으로 바닥으로 연기 뱀처럼 기어다니겠다

배고픈 소 울음소리 어둑신 점도록 머어어 길어지겠다

궁시렁궁시렁 팽, 코 푸는 소리, 잘박잘박 빗발 굵어진다

내 생의 며칠

내 생의 며칠은 구포에 있네
젊은 날의 혼돈이야 흔한 일이고
물통에 갇힌 뱀처럼
벽 밖으로 나가려 무턱대고 머릴 내미는 아이들이
저 스무 살 언저리의 골방에는 또 얼마나 많을까마는

내 생의 며칠은 구포에 있네
마른 봄 갈잎에 내리는 햇살과 함께
이슬 머금은 채 당도하던 아침의 바위들과 함께
한밤중 목탁 구멍 속에서
뛰어나와 어흑 어흑 울던 어둠과 함께

나 오래전
전갈처럼 그 산길을 내려왔으나
이제는 너무 멀리 와
다만 인화된 몇 컷의 검은 기억만 남아 있으나

내 생의 며칠은 여전히 구포에 있네

아직 가끔 저녁 어스름
바람의 손을 붙들고 나 몰래
얼굴 하얀 슬픔이 거길 다녀오네

먼 데서 오는 눈

눈이 옵니다
눈은 먼 데서 오고
여기서 목덜미에 잠시 차갑게 부딪히고
또 아득히 먼 데까지 나립니다
어쩌면 저승보다도 먼 곳에서 오는 눈을
늙은 아버지는 비척비척 일어나 다시 치우시겠지요
마당과 고샅과 신작로에 이르는 길을 번하게 비우고서
눈으로 인해 보이지 않는 눈 밖을
또 한동안 넘겨다보시겠지요
어머니의 기억은 자꾸 지워지고 있습니다
누군가 구름 같은 어머니의 기억을 저 너머로 쏟아붓고 있습니다
아버지의 어둠도 헛간 한켠에 물러나
내리는 눈을 바라보고 있습니다
개가 촐랑거리며 꼬리를 흔듭니다
개는 오래 묵어 주인의 그늘을 알고 있으니
저 꼬리는 그걸 쓸어내려는 비질 같은 거겠지요
흰자위를 드러내며 소가 물을 들이켭니다

김 오르는 한 세계가
목젖 너머로 벌컥벌컥 빨려 들어가는 아침입니다
아버지는 상주처럼 비를 짚고 눈밭에 섰고
눈에서 눈으로
아주 멀리까지 눈이 내립니다

다리 달린 나무

노을을 밀고 들어오면
아버지에게선 송진 내가 났다

톱밥을 털면 쌀이 우수수 떨어졌다

가산이랄 게 없었으므로
우리는 돌아가며 아버지의 등을 밟았다
쥐어짰다 붉은 근육을, 청춘을, 돌아보면 어린 가장을

목도꾼은 나무를 나르기 위해 목덜미의 껍질을 벗긴다
스스로 나무에 접 붙는 것이다 통나무의 다리가 되는 것이다

난생처음 다리가 생긴 나무는
그렇게 휘둥그레 외눈으로 산비탈을 내려간다

그리고 우리도 나무를 따라
그해 겨울을 그 비탈에서 함께 내려왔다

모내기

논물을 가르며 모세처럼
이앙기가 온다
구름들 놀라 흩어진다
이앙기를 몰던 외삼촌은
구름이 되었다
바람은 논배미를 들여다보다가
두렁을 건너가고
주인 바뀐 이앙기가
봄을 가로질러 온다
삽지루 들고 허정허정
물꼬 보러 가시는 아버지
모와 쌀 사이로 걸어오신
팔순의 하얀 머리카락

계단을 먹어치우는 짐승

헛간엔 짚이 쌓여 있네
짚은 벽돌처럼
높이 쌓여 있다네
서까래까지 닿았던 짚은
겨우내 무너져 외양간으로 갔네
아버지는 일흔다섯, 아직 젊은 나이
꼭대기에 있던 짚은 사라졌고
꼭대기로 가던 계단만 남았네
꼭대기는 소가 다 먹었고
그래서 텅 비었고
그래서 새들이 다니네, 새들은
하늘을 물고 와 팔작지붕 밑에 거네
세모난 하늘엔 구름이 떠 있네
소들은 계단을 먹네
꼭대기가 비었으니
소들은 꼭대기로 가던 길을 먹네
아버지는 일흔다섯, 아직 창창한 나이
뼈가 빈 새들은 하늘을 나르고

소들은 헛간을 먹네
겨울을 다 먹은 소들은
우걱우걱 봄을 먹네

구름정원의 기억

내가 구름정원에 이르자
사다리를 놓아준 사람들은
사다리를 걷어 돌아가 버렸다

비행사처럼 나는 내려다보았다
세상은 커다란 나뭇잎이었다
잎맥을 따라 앰뷸런스가 지나가고 장의 차량이 지나갔다

어머니는 논두렁에서 볏단을 나르고 있었다
점점 허리가 굽어 걸음걸이가 자벌레를 연상시켰다
나는 관 속에 집을 짓는 흰 고치를 생각했지만
거기서 날아오른 날개를 본 일이 없었으므로
염장이의 입을 따라 전해온 날개의 전설을 믿을 수가 없었다

나의 사춘기를 끓는 쇳물로 만들던 형은
두 손으로 나팔을 만들어 소리를 질러댔다
당장 내려오지 못하겠니?

내려오지 못하겠니? ㄱㄷ ㅔㅁㅎ ㅓ ㅜㄹ
안개가 자욱해졌으므로
소리는 사방으로 흩어져 물방울 속에 갇혔다
물방울 감옥에 들어앉은 소리라니!

별처럼 외로웠으나 아름다운 날들이었다
바람이 구름 위를 기웃거리다가 갔고
때로 허방의 바닥이 빠지기도 했으나
빗줄기를 타고 다시 내려갈 수는 없는 노릇이라고
하강이란 뱀처럼 굴욕스런 일이라고
구름정원의 나뭇잎들이 떨며 말했다

구름의 꽃봉오리들은 무시로 피어났다
나는 태양의 비밀이 궁금했으나
그는 연미복 안쪽을 보여주지 않았다

용광로가 닫히듯 저녁이 오고 있었다
형은 다시 오지 않을 것이다

>
　나는 달의 어깨를 기대고
　길고 긴 노래를 부르기 시작했다

유월

소나기는 천등산 쪽에서 왔다
빗줄기는 풍경을 무너뜨리며 단숨에 달려왔다
우리는 도망쳤지만
곧 수많은 물화살이 우리를 꿰뚫었다
구름은 젖은 우릴 버려두고 구학산을 넘어갔다
구름 그림자가 따라 넘어갔다
책가방의 책들은 귀가 젖어 있었다
내다 말리면 새소리까지 쪼글쪼글 말랐다
뱀 꼬리가 수챗구멍 속으로 다 들어가고 나면
젖은 임마기 보금치를 이고 밭에서 돌아왔다

밤이 벌레 먹다

개다리소반에
밤 한 됫박 쏟아 놓고
어머니 밤 고른다

올핸 유난히 벌레 먹은 밤이 많네
에이, 니미랄 거

벌레를 먹은 밤과
먹지 않은 밤이
욕을 경계로 나뉜다

욕은 구멍 난 밤을 향해 있다
벌레 먹은 밤의 검은 입을 향해 있다

그러므로 이 밤
욕은 밤의 경계에서 빛난다

개다리소반이 떠받친 어머니의 굽은 등은

밤을 고르고

밤이 벌레를 먹은 것인지
벌레가 밤을 먹은 것인지 모르는
밤의 허공에
달이 구멍처럼 떠 있다

어머니는 벌레 먹은 밤을 먼저 삶을 것이고
나는 죽은 벌레를 파내며 밤을 먹을 것이다

밤의 길 끝에
굽은 채 죽어 있는
밤벌레를

사십구재

어떤 시간은 실감이 없지
가령 벽에 박힌 지 오래된 못처럼

거기 걸린 옷을 들고 나간 애인이
돌아오지 않을 거란 걸 예감하는 순간처럼

예순이란 말
갑자와 한 돌림인 말
온 곳으로 돌아가는 말

그러나 예순이란 말
예인을 꿈꾸다 폭삭 늙어버린 시골여자 같은

당신

이를테면
예감이 문득 회색 모잘 벗고 인사하는 순간처럼
그렇게

>
　믿을 수 없는 조락의 그늘에 앉아

　당신의 일기장 속으로
　굴을 파고 들어가는 글자들의
　까만 등을 들여다보는 순간처럼

마흥*

비 온다

구름을 받쳐 두려던 장대가 부러진 것
구름을 터트린 것

빗속으로 가버린 사람
말이 안 되는 생애

말이 없는 세계로
입을 봉하고
귀를 자르고

단칼에,
당신은 세상에
없는 말이 되었다

비 내린다
나머지들을 적시러

오는 구름

쓰다듬으러
오는 손가락들
서둘러
늙으러 가는 노인의 발자국
소리를 듣는 모들

기억을 지우기 위하여
가까운 곳부터 쓸어내는 비

길고 긴 비
마ㅎ

*마ㅎ: 장마의 고어.

나누기

형을
하늘과 땅으로 나눈 지
십이 년이 지났다

나누고 남은 나머지가 유족이다

이승과 저승으로 나누고
육신과 영혼으로 나누고도
나눌 수 없는 것들이 여전히 남아서
풀리지 않는 것들이 꿈까지 따라다녔다

한 치 건너 두 치였으나
나는 마음이 몸을 따라다닌다고
투덜거리며 나머지를 버리러 다녔다

형이 죽은 자리에 새로 장판을 깔고
아버지는 거기 앉아 이를 뺐다
이를 빼고 이를 뺐다 교합이 맞지 않았다

\>
어머니는 속을 끓여 내다가 미각을 잃었다
아무리 풀어도 문제가 풀리지 않아서
문제를 지우기 시작했다

마당에 풀이 끝없이 돋아났다
다행이었다
밤이고 낮이고 개가 짖었다
다행이었다

총상 화서 總狀花序*

등꽃 핀다 선하야

꽃이 피면 나는 스물세 살이고
너는 해마다 열여덟이구나

등나무가 뱀같이 봄을 휘감아서
맑은 햇살이 다 먹었고
너는 눈시울로 들어가 나오지 않았다

나오지 못한 말들은 어디로 가나
닿지 못한 마음들은 어디에 저무나

호암지 카누는 아직
태양을 잘게 쪼개고 있는지
상행선 직행버스 맨 뒷자리엔
여전히 노을이 쇳물처럼 쏟아지는지

거역된 마음들은 행적이 없고

＞
등꽃 핀다 선하야
어룽어룽 돌아선 봄이
총상 화서, 총상 화서, 별의 꼬리를 흔든다

*총상 화서: 무한 꽃차례의 하나. 꽃자루가 있는 꽃들이 긴 꽃대에 어긋나게 붙어서 아래에서 위쪽으로 핀다.

매화여인숙

청주여자교도소 앞에 매화밭이 있지
교육청과 교도소 사이 좁은 길

아이들은 자라서 학교로 가고
더러는 덜컥, 교도소로 가고

매화밭에는 매화 피어 향기 아득한데
철조망 넘어온 불빛으로 사진을 찍으며
내가 간신히 비켜온 죄를 생각하네

주벽 위를 걸어가는 것이 인생이라고
옛 교도관들은 킬킬거렸지

쇠창살에 머릴 찧던 죄수들은
죗값 치르고 돌아들 갔을까
감방에서 태어났던 갓난아기는
이제 자라서 학교엘 갔겠네

>

향기는 자꾸 번져 주벽을 넘고
향기 잃은 여인들도 잠이 들 시간

오늘은 달도 뜨지 않고
흉흉한 소문처럼 먹구름이 온다

지현동

가난은 비탈 위로 올라가는 거여서
올라갈수록 달방의 노을이 붉었다
노을은 사춘기에게 너무 많은 질문을 던졌으므로
순정한 비극이 염세의 장막 뒤로
소년을 끌고 들어가곤 했다
미래는 특유의 미궁을 환상처럼 현시했으나
소년은 책과 음악 속에서
수시로 길을 잃고 잠에 빠졌다
어른도 아니고 어린아이도 아닌
시간의 틈으로 눈이 내렸다
소년의 한숨 곁으로 바람이 불고 문창호가 울고
소년의 웃음 속으로 지붕이 새고 봄이 왔다
널름거리는 연탄가스가 뱀처럼 소년의 허파를 물었고
안개가 모여 모르는 날들이
어딘가 멀리에서 불현듯 다녀가기도 했다
청춘은 불가해를 가르치는 스승이었지만
물소리가 새어나오는 여름밤
담장 뒤에서 소년은 캄캄하게 어른이 되었다

비밀을 듣키기에 좋은 마을이어서
소문이 능소화로 피었다 떨어졌다
한 소년이 거길 떠나고 다른 소년이
다시 거기에 왔다 그 붉은 노을 속에

관저동
― 대전교도소

언덕 하나를 넘어가면
죄와 벌이 무성했다
제도를 다려 입고
법규를 각 잡아 쓰면
어깨가 펴지고 턱이 올라갔다
죄가 몸 밖에 나와 있는 것이 아니어서
흉악은 환한 치열 저 안에 숨어 있었다
사실 그건 고구마처럼 긴
줄기 끝에 달린 결과
어둠 저쪽에서 가끔
맹숭맹숭한 가족이 면회를 왔다
더러는 아예 밖이 끊어져
안만 남은 사람도 있었다
사람들은 그 외로움을 개털이라 불렀다
영치되지 않는 마음이 형벌이었다
사람의 그늘 쪽을 모아 놓은 곳이 거기였지만
거기에도 다시 그늘과 양지가 생겨났다
철로 만든 창문이 있는가 하면

마음을 감옥에 넣어버린 사람들이 있었다
그건 안이나 밖이 없는 거였다
행형은 남에게만 할 수 있는 게 아니었다
욕망의 뒤가 죄였고
행복이 얼굴을 돌리면 불행이었다
우린 날마다 출근하고 퇴근했지만
그걸 입소와 출소라고 불렀다
별이 쌓이고 쌓였다
형기를 마친 자유가
중문이 채 닫히기도 전에 재범으로 들어왔다

산남동

잠에서 깨면 예언가의 말이 다녀갔다 열린 지붕 사이로 별이 떨어졌다

불행이 넝쿨째 굴러들어왔다 천사의 눈물이 발 디딜 틈 없이 번성했다

우는 천사들을 밟고 다녔다 쥐들이 구멍을 뚫어서 장마가 범람했다 지하에 사는 맹꽁이들이 웅덩이에 와서 사랑을 했다

돌아올 수 없는 것은 돌아올 수 없는 것

시간이 한 방향으로만 흘러갔으므로 회한은 몸을 먹는 병이었다 남은 자들을 살아야 했다 심장이 구석구석 돌아다녔다 사지가 여기저기 흩어졌다 평지에서 숨이 쉬어지지 않았다 가끔 봉지가 툭 터진 것처럼 슬픔이 쏟아졌다 뒤로 돌아가야 하는 날들이 흔했다

우리는 다만 성글어진 뼈 위에 집을 짓는 자들이다
>

기둥을 붙들고 있는 자들은
뒤를 돌아보지 말아야 한다

수곡동

꽃집을 차렸다 꽃이
피었다 시들고 죽었다 글라디올러스, 죽여야
배우는 거였다 꽃은 다알리아, 해와 물과 바람
온습도보다 예민했다 프리지어, 애인이
울며 떠나갔다 델피늄, 스물여덟
염결이 찢어졌다 국화, 시를 버렸다
나 같은 새끼는
쓰면 안 되는 거였다 카네이션, 시는 멀고
높아서 못 먹는 술을 먹었다 안스륨, 함부로
살았다 해바라기, 될 대로 되는 것이
아니었다 심비디움, 상처는
상처를 당겼다 덴드로비움, 흠결은
음울에서 흰 목덜미를 찾아내는 것이었다

안개의 키에 맞춰 붉은 장미를
아이리스와는 흰 백합을

시가 사라진 자리에

달에서 꺼낸 손등이 왔다 별보다
톤이 높은 웃음이 왔다 이불로
알몸을 포장했다 신접이었다

꽃집

꽃을 끓여 밥을 지었다

당신을 만지면 꽃이 피었으므로
꽃 아래 꽃잎과 바람 사이
그늘이 나는 좋았다

잎이 파란 아이들이 태어나
꽃을 물고 웃었다
꽃을 물리고 당신이 조금 시들었지만
화무는 십일홍이고
달도 차면 기우는 거니까

한밤중에 달빛 아래를
멀리 가 보기도 했다

꽃대궁을 잘라
철학을 지을 수도 있는 거였다
사상을 바꿀 수도

있는 거였다 꽃을 꽂으면

무럭무럭 밥이 먼저였고
꽃이 밥이어서
만첩으로 핀 밥을 먹었다
피고 피고 끝없는 사계이팝이었다

가끔 시를 쓰던 소년이 와
구석에서 울었다

헛것

생전과 생시가 혼재하는 뒤꼍이다

그늘과 햇살이 뒤섞여
망막에 맺히지 않고 흘러내린다

어디서부터 어디까지가 여기인지가 무너진
언제부터 네가 거기로 갔는지 알 길이 없는

풀을 뽑다가 의문이 쓰러지고
밥을 푸다가 그리움이 엎어지는
지키지 못한 죄가 가슴을 뜯어가 버린

밤인지 낮인지 모르겠구나, 얘야

생각이 혈관을 부풀려 풍선을 만듭니다
터지면 죽어요 어머니, 그만, 그 꽈리 속으로

모든 것이 헛것이 되어버린

해설

죽음, 생의 가장 바깥에 대한 사유

김정수 | 시인

　시인은 쓰는 사람 이전에 보는 사람이다. 시적 대상이나 사물을 관찰하고, '쓰고자 하는' '새로운' 것을 찾아내서 생각하고 상상하고 경험의 세계를 끌어들여 시로 완성해간다. 쓰고자 하는 것을 다 쓰는 건 아니고 다른 사람이 쓰지 않은 새로운 것을 찾아 쓴다. 관찰과 생각/상상 그리고 경험 사이에서 시인은 가용할 수 있는 모든 감각을 끌어올려 자아와 세계를 응시하고 조응하고 일체화한다. 이런 과정에서 자아와 시적 대상/사물 사이에 미세한 떨림이나 울림이 발생하고, 시인은 이것을 받아적는다. 하지만 그 떨림이나 울림의 소리는 정면이 아닌 옆이나 뒤, 혹은 위나 아래에서 비스듬히 들려온다. 시인은 사물/대상의 정면을 마주하기보다 슬쩍 옆으로 비켜나거나 뒤돌아서서 외면한다. 정면은 떨림이나 울림 대신 억압이나 두려움, 부담감을 주입해 집중보다는 분산을 선사할 가능성이 농후하다. 나희덕 시인은 시론집 『문명의 바깥으로』(창비, 2023)에서

"사물의 생리와 수량과 한도, 그리고 사물의 우매와 명석성 등을 발견하기 위해서는 사물의 외부와 내부를 두루 보아야 하고, 모든 사물과 현상에 깃든 양면성을 고려해야 한다"고 했다. 또한 눈으로만 관찰하지 말고 "몸의 모든 감각들을 활용해 대상을 겪어내야만 입체적이고 살아 있는 이미지를 얻을 수 있다"고 했다. 제대로 보고, 제대로 된 이미지를 얻는다고 해도 그것이 항상 시로 연결되는 것은 아니다. 쓰는 행위를 제약하는 물리적 환경과 시간, 주변의 유혹을 극복하고 감성과 감각을 최대한 끌어 올려야만 겨우 '한 뼘 시의 영토'를 허락할 뿐이다.

 2017년 계간《불교문예》로 등단한 정학명 시인의 첫 시집 『허공의 비탈』은 시적 대상이나 현상을 세밀하게 관찰해 시를 입체적으로 구축하는 데 탁월한 솜씨를 보여준다. 삶의 정면이나 중심에서 조금은 벗어났거나 뒤처진 것들에 삶의 온기를 불어넣는다. 안보다는 바깥에, 중심보다는 주변에, 앞보다는 뒤에 오래 눈길이 머문다. 또한 죽음이라는 자극에 반응하는 삶의 안타까움과 그리움, 그 그리움에 기댄 사랑으로 자리를 옮겨 앉는다. 이때 시적 시선은 지상에서 허공으로, 다시 허공에서 구름으로 이동하는데 '말은 지상'을, '빛은 허공'을 규정하는 정서로 자리매김한다. 이를 극명하게 보여주는 시 「까치」에서 한 생애의 죽음은 "흙으로 들어가"거나 "허공으로 나오는" 것으로 그려진다. 수목장처럼 "흙 속에서/ 나무를 만"나는 자극에 "허공에게/ 가는 사람"으로 반응하고, 죽은 사람을 보내지 못한 지고지순한 사랑과 그리움을 "아직 도마 위에 있"는 까치로 환유한다. 사랑과 그리움의 대상인 '당신'은 나무라는 매개물을 만나 흙에서 허공으로 자연스럽게 이어지지만, 까치의 등장은 조금 느닷없다. 특히 "까치는 아직 도마 위에 있습니다"라는 종결은 '왜?'라는 질문을 던지게 할 만큼 낯선 풍경을 자아낸다. 이런 생경한 풍경과 감각에 자기만의 목소리로 삶을 녹여내는 것이 정학명 시의 특징 중 하나라 할 수 있다.

한데 그의 시는 '죽음'으로 시작해 '죽음'으로 끝난다고 할 만큼 많은 죽음의 이미지를 잉태하고 있다. 앞의 죽음은 구체적인 언급 없이 '당신'으로, 뒤의 죽음은 형이나 외삼촌 같은 가족이나 친구의 아버지 등 다양한 죽음의 이미지가 등장한다. '죽음의 저기'를 통해 '삶의 여기'를 관조하는 듯하면서 부재에 따른 상실과 상처를 존재론과 불교적 세계관을 통해 보여주고 있다. 인과적인 관계성이나 시간과 공간의 관념성을 '저기'와 '여기'를 통해 공유한다. 또한 그의 시에서 죽음은 죽음이라 발화할 때 발생하는 것이 아니라 죽음 자체를 인식할 때 존재한다.

죽음의 이미지를 몰고 오는 나무/숲, 허공/구름은 시집 전반부에, 물/장소는 시집 후반부에 주로 등장하는데 전자는 비교적 최근에, 후자는 시작詩作 초반에 쓴 듯하다. 나무/숲, 허공/구름의 죽음 이미지의 시편들이 참신한 묘사와 사유적 문장, 발상의 전환에 치중하는 반면 물/장소의 죽음 이미지의 시편들은 가난과 유년의 회상, 사건 중심의 진술을 지배적인 심상으로 활용하고 있다. 특히 물의 이미지는 희망을 잃은 사람들의 삶의 권태나 도피(「글씨들」, 「행려」, 「우기」, 「마흐」), 장소의 이미지는 궁핍한 생활에 기인한 삶의 고단함이나 성장사(「동무굴형」, 「척산 방향」, 「총상 화서」)를 시의 뼈대로 삼고 있다.

    말을 버리기 위해
    허공을 건너가는 눈빛늘이 있다

    눈꺼풀처럼 여닫히는 시간을 타기 위해서는
    환몽과 현실 사이에 외줄을 걸어야 한다

    이생을 건너가는 불빛의 꼬리들

    흔적을 남기지 않아야 맑은 전생이다

    아이들은 투명한 생각을 입고 계절을 넘어가고
    너는 혼절로 내려가는 계단에서 울고 있었다

한 생애를 짠 말들로 그물을 만든다 해도

뒤에,

아래에,

너머에,

어룽거리고 일렁이며 번져 있는 저 유영을 어찌 잡으리

―「뒤에, 아래에, 너머에」 전문

  먼저, 시집을 여는 시 「뒤에, 아래에, 너머에」에서 죽음은 곧 "말을 버리"는 것을 의미한다. 물리적으로 보면 죽음의 순간은 '숨'을 내려놓는 일이지만, 시인은 지상에 '말'을 내려놓고 허공으로 올라가는 일이라 규정한다. 말은 입을 통해 발화되고, 입은 말을 하기 이전의 '먹는' 행위를 통해 생존을 담보한다. 일상의 죽음이라면 '말을 버리고'라 해야 하는데, 시인은 눈빛들이 "허공을 건너가는" 목적의 한 방편으로, 말을 버리는 것이라 간주한다. 하고 싶은 말이 많은 억울한 죽음이라는 뜻이다. 여기서 주목해야 할 것은 '눈빛들', '꼬리들', '아이들', '말들' 같은 복수형이다. 즉 한 개인의 죽음이 아니라 여러 사람이 한꺼번에 "이생을 건너"갔다는 뜻이다. 직접적인 언급은 없지만, 이 시에서 말하는 죽음이 세월호 침몰 사고와 같은 사회적 참사로 해석할 수 있는 배경이다. 눈 깜박할 순간, '외줄' 하나에 생과 사가 엇갈린다. 구할 수 있는데 구하지 않은 무책임과 구해줄 것이라는 믿음은 '환몽'이고, 구해줄 것이란 희망과 믿음에도 불구하고 죽어가는 것은 '현실'이다. 황망하고도 어이없는 아이들의 죽음에 부모 중 한 사람으로 추측되는 '너'는 혼절할 만큼 "계단에서 울고 있"다. 죄가 없는 아이들은 맑고 투명하다. 시인은 그런 죽음에 책임이 있는 사람들에 대한 고발이나 투쟁의 방향으로 시를 전개하지는 않는다. 대신 "한 생애를 짠 말들", 즉 어떠한 말로도 되돌릴 수 없는 생명을 보내지 못하는 안타까움과 상실의 고통을 붙잡을 수 없다는 것을 보여준다. 그물은 길목, 즉 정면에 쳐야 무엇이든 잡을 수 있다. "한 생애를 짠 말들"로 만든 그물로는 "뒤에,/ 아래에,/ 너머에," 존재하는 "저 유영"을 잡을 수가 없다. '그물'은 무언가를 잡으려는 도구이지만, 시인은 잡을 수 없다는 것을 전제하고 있다. 뚜렷하지 않고 흐리게 어른거리는, "일렁이며 번"지는 유영은 붙잡아둘 수 없는 대상이기 때문이다.

먼저 간 누군가를 따라가느라 바람이 분다

나무로부터 태어나고 자라 날아가는 새들
발가락이 움켜쥐었다 놓은 가지는 날개를 기억할 것도 같은데
새들은 떨어져 또 어느 내생에서 나무가 되는 건지

>

    나무들 바람 속에 서서 가지를 펄럭여 본다
    살풀이는 옷감을 허공에 풀어놓는 춤
    풀로 날개를 지어 혼령을 실어 보내는 사위

    승려들은 죽어 숲이 될 것도 같다
    숲의 깊은 그늘을 바라보면 그들의 등이 보인다
    꺼진 촛불에서 끌려 나오는 오래된 밀랍 향기가
    바위와 이끼 사이에는 어려 있다

    사람을 씨앗으로 만들어 나무 밑에 심은 사람들이
    돌아간 숲 위에 낮달이 떠 있다
    그건 어디론가 들어가는 통로 같다
    대롱의 입구 같다 거기로 빨려 올라가는 수위가 있다

    끄륵 끄륵 우는 매미들은
    관에서 빠져나온 공명통을 뱃속에 갖고 있다
    나무의 어깨에 앉아 들썩이는 커다란 소리 때문에
    세속의 사랑이 갈 수 없는 저승의 문이 생긴다
                                      —「수목장」 전문

새들이 숲으로 들어갑니다

다람쥐가 들어가고
그늘이 따라 들어갑니다
바람이 불어오자
나무들이 깃을 들어올립니다
깊을수록 점점
어두워지는 녹음
더 깊이
들어간 사람

나오지 않습니다

—「전생」 전문

빈집의 주인은 허공의 농부가 되어 구름 이랑을 갈고(「외눈박이 경운기」), 이양기를 몰던 외삼촌은 구름이 되고(「모내기」), 뼈를 비우기 위해 새들이 허공으로 날아가고(「목련공원」), 구름 같은 어머니의 기억을 저 너머로 쏟아붓고(「먼 데서 오는 눈」), 형을 하늘과 땅으로 나눈 지 십이 년이 지나가는(「나누기」) 등 죽음에 관한 여러 시편이 나무/숲, 허공/구름, 물/장소와 연관되어 있다. 특히 위에서 언급한 시 「까치」는 이를 총체적으로 보여주는데, 흙-나무-허공으로 이어진 끈끈한 연대는 곁을 떠난 '당신'에 대한 그리움을 심화시키는 역할을 한다. 허공에서 들리는 까치 소리를 당신을 위해 음식을 만드는 주방의 "도마 위"와 병치시키는 한편, 넓은 행간과 극도의 감정 절제를 통해 '허공의 비존재'를 '지상의 존재'로 환원시키는 놀라운 시적 기교를 보여준다. 시인은 사랑하는 사람의 죽음 이후의 삶을 받아들이기는 하지만, 그리움의 끈을 아주 놓지는 못한다. 이런 인식은 시 「수목장」에서도 그대로 재현된다. "먼저 간 누군가"에 대한 그리움과 상실감을 나무와 숲을 통해 상징적으로 보여주면서 "세속의 사랑"으로는 이루어질 수 없는 한계를 담담히 받아들이는 태도를 시종일관 견지한다. 당연히 "바람이 분다"는 폴 발레리의 「해변의 묘지」를 떠올리게 하지만, '살아야겠다'는 문장을 생략함으로써 "내 오랜 사랑 당신"(「사금」)을 "따라가"겠다는 죽음의 역설을 보여준다. 이 시에서 바람은 "먼저 간 누군가"의 행위를 촉발하는 것이 아니라 그의 움직임에 의해 생겨났다가 "나무들"의 가지를 흔드는 역할로 변경된다. 새는 나무에서 태어났다가 땅에 떨어져 다시 나무로 태어나는 자연 순환 혹은 윤회의 인식을 드러낸다. 나무에서의 탄생과 성장은 인因이고, 새들의 발가락과 나뭇가지의 교감은 연緣이다. 나무와 새의 관계를 인연에서 비롯된 것으로 보는 인연생기因緣生起에 기반한다. 즉 나무가 생生하므로 새가 생生하고, 새가 날아가므로 나무도 존재하지 않으며, 새가 멸滅하므로 나무도 멸滅한다. 현생의 인연으로 새는 "내생에서 나무"로 윤회한다. 바람은 나무를 흔들고, 숲을 흔든다. 시인의 눈에는 풀과 나뭇잎의 일정한 움직임이 "혼령을 실어 보내는" 살풀이춤으로 비친다. 나무와 새뿐 아니라 승려와 숲 사이에도 연기緣起가 관여한다. 수목장이 끝난 "숲 위에 낮달이 떠 있다". 낮달의 이미지는 그리움이다. 낮달은 "나무 밑에 심은 사람"이 들어간 통로나 내생으로 통하는 입구 같지만, 그리움의 수위는 사람마다 다르다. 시종일관 시각에 의존하던 시인의 귀에 "끄륵 끄륵 우는 매미들" 울음소리가 들린다. 울음은 매미 소리, 자아의 내면의 소리, 이승을 떠나는 혼령의 소리가 한데 겹쳐 있다. 흙에서 나무뿌리로, 나무뿌리에서 가지로 올라온 영혼은 울음소리로 생겨난 "저승의 문"을 통해 비로소 내생으로 떠난다.

「수목장」에서 이생에서 내생으로 가는 통로가 '낮달'이라면, 「전생」에서는 '숲'이다. 죽은 사람에 앞서 '새들'과 '다람쥐' 그리고 '그늘'이 앞서 들어간다. 무생물인 그늘의 죽음은 신선하다. 그늘은 불투명한 물체에 가려 빛이 닿지 않는 상태나 그 자리를 가리킨다. 즉 그늘은 홀로 존재할 수 없는, 존재하는 사물/대상에 빛을 비춰야 상대편에 생겨나는 의존적인 존재다. 의존적이긴 하지만 「전생」에서는 날짐승인 새들과 들짐승인 다람쥐와 동시에 소멸하지 않고, 시차를 두고 숲으로 "따라 들어"가는 독립적인 존재로 그려진다. 「수목장」에서 바람이 시적 대상의 행위를 촉발한다면, 「전생」에서는 그늘과 마찬가지로 의존이 아닌 "나무들의 깃을 들어올"리는 자율적·주체적인 존재로 자리한다. "바람이 불어오"는 것을 기점으로 새들과 다람쥐, 그늘에서 '사람'으로 급격히 방향을 전환한다. 조금은 가볍게 숲에 들어가는 것에서 다시는 돌아올 수 없이 "더 깊이" 들어간다. 당연히 전생은 죽음의 다른 의미이다. 전생을 거쳐 이생에서 만났듯, 떠났지만 보내고 싶지 않은 간절한 염원을 담고 있다.

> 허공을 딛지 않고 오는 목소리는 없다
> 말이란 태생이 허공을 달리는 말
>
> 서로에게 건너가기 위해 허공을
> 지나가야 한다는 건 얼마나 다행인가
> 영이면서 동시에 영원인
> 양안에 걸린 외줄처럼
>
> 허공을 건너오느라 네 목소리에 묻은 바람을
> 지그시 바라보던 밤이 있었다
> 입술을 움직이면
> 구름의 냄새가 났다 뒤척일 때마다
> 편서풍처럼 먼 숨소리가 났다

> 　　고막을 생각하면 사람은 북이다
> 　　두 장의 얇은 가죽 사이에 우리가 있다
> 　　북이란
> 　　허공을 가둔 악기
>
> 　　너무 늦게 내게 온 빗방울들처럼
> 　　먼지를 풀썩이며 땅에 엎어지던 빗방울들처럼
>
> 　　사랑은 무참히 명백하였으나
>
> 　　혼자 울지 못하는 북처럼
> 　　허공 저 너머를 바라보는 허공
> 　　　　　　　　　　　　　　─「북」 전문

바람 불어

처마 아래

비가 흽니다

구름의

눈썹입니다

뜨락에 서서

빗금 사이를

바라봅니다

당신은

구름 뒤에 있나요?

혹여

당신의 눈썹인가요?

― 「구름의 눈썹」 전문

 감옥에서 독배(약)를 마시기 전에 소크라테스는 "죽음이란 다름 아니라 영혼이 몸에서 분리되는 것"(『플라톤의 대화편-파이돈』, 미래북스, 2024), 즉 몸이 영혼에서, 영혼이 몸에서 "분리되고 이탈해서 자기 홀로 있게 되는 것"이라고 했다. 죽음에서 삶이 생성되고, 삶에서 죽음이 생성되어 세상은 균형을 맞추는데, "우리의 영혼은 저세상에 존재"한다고 했다. 「수목장」이나 「북」, 「구름의 눈썹」 등의 시편에서 보듯, 죽음에 대한 시인의 인식은 소크라테스와 크게 다르지 않은 듯하다. 「북」에서 목소리는 "허공을 딛"고 들려오고, 사랑하는 영혼은 "허공 저 너머"에 머문다. 허공은 영혼과 영혼이 만나기 이전에 너의 목소리와 "먼 숨소리"를 느낄 수 있는 공간이다. 허공(혹은 그 너머)이라는 공간은 죽어야만 건너가 사랑하는 사람의 영혼을 만날 수 있기에 '영'이고, 소멸하지 않는 영혼의 거처이기에 '영원'이다. 또한 이생에서 만날 가능성이 없기에 '영'이고, 죽음 이후 내생에서 끝없이 같이할 수 있다는 희망이 존재하기에 '영원'이다. 이생과 내생 사이 허공을 가로지르는 '외줄'은, 곧 목소리다. 시각이 아닌 청각으로만 너를 만날 수 있고, "네 목소리에 묻은 바람"을 통해서만 너를 감각할 따름이다. "사람은 북"이라는 발상은 그리 새로운 것이 아니지만 북의 울림막을 '고막'으로, 북통 안의 공간을 '우리'로 치환한 것은 나름 신선하다. 또한 "너무 늦게 내게 온 빗방울들"과 "혼자 울지 못하는 북"으로 시의 보폭을 확장한 부분은 충분히 매력적이다. 사랑하는 우리는 허공이라는 물리적 공간과 "허공 저 너머"의 영적 공간에서 함께할 수 없지만, "허공을 가둔 악기"인 북 안에서 '소리'를 통해 비로소 하나가 될 수 있다. 그럼에도 그 사랑은 명백히 '무참'하다.

정학명의 시는 정면이 아닌 옆면이나 후면, 직각이 아닌 예각이나 둔각의 기울기에 주목한다. 비탈진 가을의 기울어진 쪽으로 우르르 쏟아지는 것들이 있고(「가을의 기울기」), 이별이 시작되는 곳에서 허공이 기울어지고(「허공의 비탈」), 저무는 것들은 귀가 밝고 비스듬한 옆을 가졌고(「저녁의 의자」), 화전민이 떠난 마을의 바위는 대문이었다가 뒤꼍이 되고(「동무굴형」), 막일을 나가지 않는 형은 뒷방에서 술을 마시고 어머니는 뒤꼍에 술병을 감추는(「우기」) 등 조금은 비스듬하고 흐트러진 세상에 애련한 시선이 멈춘다. 이런 시적 지향은 「구름의 눈썹」도 예외는 아니다. 곧고 정적인 사물/대상이 흔들려 기울어지는 순간 시적인 것을 포착한다. 이때 바람은 사물/대상에 움직임을 부여해 고요한 세상을 흔든다. 세상뿐 아니라 시인(혹은 시적 자아)의 감정에 스며 상실과 슬픔의 원천으로 거슬러 오른다. 시적 자아는 "뜨락에 서서" 내리는 비를 바라보고 있다. 바람이 불어 "처마 아래 / 비"가 휘는 순간 시가 찾아든다. 바람이 불자 "처마 아래"의 빗줄기가 붓으로 한 획을 긋듯, 휘어지는 순간 "구름의/ 눈썹"을 떠올린다. "구름 뒤"는 당신이, 당신의 영혼이 머무는 데가 아닐까. 그렇다면 "구름의/ 눈썹"은, 곧 "당신의 눈썹"이라는 데까지 생각이 미친다. 바람으로 촉발된 눈썹 이미지는 자연스럽게 비-구름-당신으로 이어지고, 정적인 분위기는 동적으로 전환된다. 비와 구름에 머물던 시선은 "빗금 사이"를 지나 허공 너머의 당신에게 달려간다.

    물은 달린다
    물에게 가려는 것이다

    물은 달린다 당신의

그 먼 저수지에 가려는 것이다

　　　　—「여울을 달리는 백 마리 말」부분

"당신을 만지면 꽃"(「꽃집」)이 필 만큼 사랑하던 사람은 "세상에/ 없는 말"(「마흐」)이 되어 "먼 저수지"에 있다. 시인은 "울음반지를 만들어서/ 내 오랜 사랑 당신에게 가겠"(「사금」)다는 다짐을 한다. 당신은 누구일까. 분명한 것은 당신은 살아 있는 사람이 아니라는 것이다. 전생의 인연으로 이생에서 만났다가 먼저 저세상으로 떠나보낸, 내생에서 다시 만나기를 염원하는 사람이라는 것이다. 예인을 꿈꾸다가 폭삭 늙어버린 시골여자 같고(「사십구재」), 당신에게 다 이르기 전에 새벽이 오고(「리에 대하여」), 펄떡이던 것들의 잔해 속으로 가버린(「류제현 씨」) 사람이다. 좁게는 먼저 떠나보낸 가족이고, 넓게는 살면서 관계를 맺은 사람들이다. 죽은 사람들에 대한 그리움과 사랑 그리고 삶의 공간이 시집 전반에 깊숙이 스며 있다.

　어린 달팽이는
　나선을 따라가면 가장 안쪽에 있다

　저 중심에 있다
　＞

달팽이는 거기서 온 목숨이다

달팽이가 길을 꺼내
배를 올려놓는다

배가 발이기 때문인데
그건 보행이면서 항해다

배를 끌고 가기 위해 허공을
더듬더듬 더듬는 더듬이

허공을 만져보면 어디로
가야 하는지를 안다는 듯이

달팽이가 간다

가는 모든 곳이
달팽이 생애의 가장 바깥이다

―「달팽이」 전문

"어린 달팽이"는 생명의 근원이면서 보호받아야 할 대상이다. 따라서 "가장 안쪽"에 존재하고, 그곳이 삶의 '중심'이다. 그 중심은 가운데를 의미할 뿐만 아니라 중요하고도 기본적인 행동을 요구한다. 나선은 어린 달팽이의 생명을 지키기 위한 미로와 같은 방호수단이다. 나선을 나서는 것은 목숨을 담보하는 행동이므로 신중할 수밖에 없다. 몸을 보호해주는 껍데기 안에 있으면 좀 더 안전하겠지만, 먹을 걸 찾아 움직이지 않으면 머문 곳에서 굶어 죽을 수밖에 없다. 따라서 발인 배를 위험에 노출한 채 힘겹게 "보행이면서 항해"에 나서야만 한다. 시적 자아는 길 위에서 더듬이를 세우고 "허공을/ 더듬"는 달팽이를 지켜보고 있다. "배를 끌고" 가는 달팽이는 오체투지五體投地 하는 구도자의 모습을 닮았다. 몸의 중심에서 나와 "생애의 가장 바깥"을 향한다. 어린 달팽이가 껍데기의 안쪽에서 밖으로 나가는 것과 달팽이가 있던 자리에서 시행착오를 겪으며 성장하는 것, 그리고 "가는 모든 곳이/ 생애의 바깥"이라는 깨달음을 선사한다. 다른 한편으로는 모리스 블랑쇼가 말한 '바깥의 사유'를 떠올리게 한다. 한 번도 경험해보지 못한 바깥은 불가능의 공간이면서 모든 보호가 사라진 현존이다. 보호막이 사라진 주체는 홀로 황량한 바깥에 던져진다. 따라서 바깥은 인간의 무력함과 한계를 동시에 경험해볼 수 있는, 불가능을 가능으로 만들 수 있는 새로움의 공간이다. 따라서 달팽이라는 약한 존재가 자의든 타의든 안쪽에서 바깥으로 이동하는 것은 소통-고립에서 고립-

소통의 공간으로 도전하는 행위와 다름없다. 즉 안쪽은 자아와의 소통이면서 타자/세계와의 고립, 바깥은 자아의 고립이면서 타자/세계와의 소통에 해당한다. 이처럼 강한 메시지를 전달하는 이 시는 지나치게 노련해서 매혹적이다. 하지만 달팽이의 몸이 안쪽에서 바깥으로 나서는 행동의 유발이나 나와 세계의 갈등, 불화의 원인 없이 아포리즘에 기대 시가 흘러간다는 점은 생각해볼 여지를 남긴다.

나무도 가만히 있는 건 아니다
선방 수좌가 가만히 있는 것이 아니듯

나무의 정수리로 지나가는 햇빛

햇빛도 그냥 지나가는 것은 아니다
어둠이 그냥 있다 가는 것이 아니듯

그냥 지나가는 시간은 없다
무의미한 사건이란 없다 고요 속에서

은밀히 세계의 모든 사태가 벌어진다 너와
내가 가만히 앉아 있던 그 의자

>

위에 춤추던 마음

처럼 거기

와

뛰놀던 어떤 생기처럼

―「의자」 전문

  반면, 시「의자」는 나무가 자라는 생리나 의자로 변하는 과정, 그리고 의자 위에서의 긴장과 설렘, 생기 등을 입체적으로 묘사하고 있다. 나무가 가만히 서 있는 것 같지만 매년 나이테가 하나씩 생겨나고, 가지가 자라고, 나뭇잎이 솟아났다가 떨어진다. 선방의 수좌도 "가만히 있는 것" 같지만 깨달음의 경지가 점점 깊어신나. 이때까지는 고요함(靜) 속의 움직임(動)이다. 하지만 "나무의 정수리"로 햇빛이 지나가는 순간 움직임은 고요함으로 바뀌어 정중동靜中動의 세계를 제대로 보여준다. 고요한 듯한 햇빛이나 어둠도 "그냥 지나가는 것은 아니다". 밝으면 밝은 대로, 어두우면 어두운 대로 그 속에서 크고 작은 사건이 벌어진다. "지나가는 시간", 즉 현재의 시간은 독립적으로 존재하지 않고 과거의 시간 위에서 유지되고 연장된다. 과거의 시간/사건이 인因이면, 현재의 시간/사건은 연緣이다. 세상의 모든 것은 서로 연결되어 있고, 존재와 존재의 상호작용과 관계 속에서 일어난다. 너와 함께 "춤추던", "앉아 있던",

"뛰놀던" 과거형이 시어들이 지칭하는 좋은 추억은 "모든 사태가 벌어"지는 은밀한 세계로 확장된다. '사건'이나 '사태'의 부정적 시어와 달리 "너와/ 내가 앉아 있던 그 의자"에 대한 기억은 긍정적이다. "그리움을 가구로 짜면 의자"(「저녁의 의자」)다. 너와의 기억은 헛된 결코 것이 아니다. 의자 위에 너와 함께 있는 경쾌한 기분과 모양을 나타내려는 의도의, '처럼'과 '와'를 본말에서 행 가름한 시적 기교도 돋보인다. 「자귀」, 「호박國」, 「찰현擦絃」 등의 시와 더불어 시인의 오랜 내공內工이 느껴지는 수작秀作이다.

    꽃차 덖는 사람들의 금기는 너무 환한 개화
    꽃의 만개란 음독에 가까운 치명

    꽃을 덖는다 온돌에 누운 꽃들
    봄의 맨 앞을 뒤집는다
    나무에게서 알을 얻어온 것처럼
    나무의 맨 앞을
    이승의 아지랑이 속으로 집어넣는 것처럼
                   —「생강나무꽃차」

"길은 하나의 세계를/ 다 짓밟고서야 만들어진다"(이하 「숲길」). 시인의 길도 그렇다. 시인이 되기 위해서는 "한 세계"가 송두리째 무너져야 한다. 시 「수곡동」에서와 같이 누군가를 "죽여야 배우"고, "애인이/ 울며 떠나"고, "될 대로 되"라는 마음으로 함부로 살다가 결국 시를 버려야 한다. "상처는 상처를 당"기고, "흠결은/ 음울에서 흰 목덜미를 찾아내는" 순간 "가끔 시를 쓰던 소년이 와/ 구석에서 울"(이하 「꽃집」)고 가고, 종국에는 다시 시가 찾아온다. 시인의 시가 깊어진 계기는 "꽃을 끓여 밥"을 짓는, 즉 화원을 하면서가 아닐까. 죽음에 '봄'을 들여 꽃을 피운, "당신을 만지면 꽃"이 피어 "잎이 파란 아이들이 태어"난 이후가 아닐까. 사람과 이야기를 보낸 자리에 "나무와 사람"을 들여 "생각의 앞과 뒤를 아주 멀리까지 섞어 놓은" 후 "꽃을 덖"듯 시를 쓰는. 꽃차에는 "음독에 가까운 치명"이라 할 수 있는 "너무 환한 개화" 이전의 적절한 시기에 수확하는. "나무에게서 알을 얻어온 것처럼" 그렇게 꽃나무의 '알'에서 태어난 빼어난 시들이 이번 시집에서 그윽한 차향을 발하고 있는.

허공의 비탈

2024년 9월 2일 초판 1쇄 발행

지은이   정학명
펴낸이   유정환
펴낸곳   도서출판 고두미
        등록 2001년 5월 22일(제2001-000011호)
        충북 청주시 상당구 꽃산서로8번길 90
        Tel. 043-257-2224 / Fax. 070-7016-0823
        E-mail. godumi@naver.com

ⓒ정학명, 2024
ISBN 979-11-91306-68-2   03810

※ 저자와 협의하여 인지를 생략합니다.
※ 책값은 뒤표지에 표시하였습니다.
※ 잘못 된 책은 구입한 곳에서 바꾸어 드립니다.